Made in the USA
Las Vegas, NV
21 December 2024

14948919R00056